LES
ENNEMIS DES FEMMES

PAR

Arthur DESJARDINS (*de l'Institut*)

Mesdames et Messieurs,

Les femmes ont trop d'amis pour n'avoir pas quelques ennemis. Je ne parle pas de ceux qu'anime une rancune person-
nelle et dans le cœur desquels certains dédains ou certaines
infidélités auraient laissé une plaie plus ou moins profonde.
Ceux-là, je me borne à les plaindre, et je laisse à des mains
plus délicates que les miennes le soin de panser leurs blessures. C'est de vos ennemis professionnels, Mesdames, que je
voudrais vous entretenir aujourd'hui. Je les rencontre dans
les rangs des sociologues contemporains. Les sociologues
sont, chacun le sait, des publicistes qui, n'étant, à proprement
parler, ni des philosophes, ni des jurisconsultes, ni des écono-
mistes, sont les cousins germains des uns et des autres, et
dissertent avec profondeur sur la constitution des sociétés.

Mais je n'oublie pas que je parle au nom de la ligue contre
l'athéisme. En quoi, direz-vous, la question *féministe* peut-elle
intéresser cette ligue ?

A mes yeux, le mouvement antiféministe est généralement
antichrétien. Proudhon, un des plus éloquents adversaires
des femmes, reproche ardemment au christianisme d'avoir
admis l'égalité des sexes et d'avoir émancipé à outrance le
sexe féminin. Ce grand pamphlétaire, vous le savez, s'est dé-
claré maintes fois, non pas précisément athée, mais « anti-
théiste », c'est-à-dire ennemi personnel de Dieu. Sa guerre aux

femmes est un épisode de la guerre qu'il avait déclarée à Dieu. En général, le mouvement antiféministe heurte l'idée chrétienne et recèle une protestation antireligieuse.

Je vais donc vous rappeler d'abord en peu de mots ce qu'a voulu, ce qu'a fait pour les femmes le fondateur du christianisme ; je vous exposerai un peu plus longuement par quels raisonnements et par quels procédés les champions du mouvement antiféministe prétendent amoindrir ou défaire son œuvre. Après quoi, vous apercevrez aisément avec moi les conséquences qui se déduisent des deux conceptions contradictoires.

Proudhon supportait malaisément que l'on comparât la situation de la femme, envisagée dans la période antérieure au christianisme, avec la situation de la femme à partir du christianisme. A l'entendre, l'avilissement même de la femme prouve qu'elle méritait son avilissement. A ce compte, on peut justifier tous les abus de la force, et c'est à l'esclave qu'il faut imputer les horreurs de l'esclavage.

N'en déplaise à Proudhon, comment oublier l'état auquel la femme fut réduite dans l'ère patriarcale ? Sa dépendance était absolue. Le mari acquérait sa femme comme on acquiert une esclave. Il l'achetait au père ; mais, le père ayant transféré tous ses droits à l'époux, celui-ci pouvait revendre à son tour ce qu'il avait une fois acheté. La femme, étant la propriété du mari, faisait d'ailleurs partie de sa succession et tombait au pouvoir de ses héritiers qui disposaient d'elle à leur gré. De là, par une conséquence très simple, la pratique de la polygamie ; celui qui achète une femme peut en acheter plusieurs. D'ailleurs, la monogamie suppose nécessairement des devoirs réciproques et, par suite, une certaine égalité entre les époux.

Encore aujourd'hui, la vente des femmes est une branche du commerce chinois ; encore aujourd'hui de l'Equateur au Cap (à moins que les Européens n'y mettent bon ordre), du Caucase au fond de la Tartarie, le prix de la femme n'est guère plus élevé que celui de l'esclave : on peut aisément l'échanger contre quelques têtes de bétail.

Même après l'ère patriarcale, la femme, étant faible comme l'enfant, est jugée vile comme l'esclave. On lit dans les lois de Manou : « Les femmes ont reçu en partage l'amour de leur lit, « de leur siège et de la parure, la concupiscence, la colère, les « mauvais penchants, les mauvais désirs, la perversité. Con- « naissant le caractère dont les a douées le Créateur, que les « maris mettent donc la plus grande vigilance à les surveiller. « Jour et nuit, elles doivent être tenues dans la dépendance ; « jeunes ou vieilles, elles ne doivent jamais rien faire, même « dans leur maison, suivant leur propre volonté. » Manou dit encore : « Les femmes sont privées de la connaissance des « saintes lois et des prières. Elles sont la fausseté même. Il « n'y a pour la femme ni sacrifices, ni jeûne, ni pratique pieuse ; « son zèle à servir son époux lui tient lieu de séjour auprès « du Père spirituel. » Chose curieuse ! Maimonides lui-même, un des interprètes les plus renommés de la loi juive, écrira dans les premières années du dix-huitième siècle que la femme est indigne d'étudier les saintes écritures. Au milieu du même siècle, Chardin, dans son *Voyage en Perse*, constatera que la plupart des musulmans ne se résolvent pas à laisser pénétrer les âmes des femmes dans le paradis de Mahomet. S'il faut en croire le père Huc, nos missionnaires ont beaucoup de peine à faire comprendre aux Chinois que la femme ait une âme immortelle. La polygamie enveloppa tout l'Orient dans son fatal réseau. La loi mosaïque elle-même l'encouragea, autori- sant l'homme marié non seulement à entretenir des concubines, mais à prendre en même temps plusieurs femmes légitimes. Chez les uns la polygamie ; chez d'autres comme chez les Tar- tares mongols, au pied de l'Himalaya, la polyandrie ! Même en Grèce, malgré la douceur des mœurs, la femme est réduite à la condition la plus humiliante. Quel qu'ait été son rôle aux âges héroïques chantés par Homère, elle est traitée, au temps de Solon, avec un dédain suprême. Pour elle, point de specta- cles ni de lectures, ni de repas publics ; elle n'est pas même admise aux repas de famille si quelque ami vient y prendre part. Tristement reléguée dans son gynécée où ses plus proches parents peuvent seuls pénétrer, elle ne se laisse voir au dehors que dans des cas rares et déterminés par les lois. Comme dit Xénophon dans ses *Economiques*, « son rôle est de ne parler, « de n'entendre et de ne voir que le moins possible ». Tandis que l'Athénien reçoit dans sa jeunesse une éducation libérale, qu'il partage plus tard ses journées entre les délibérations de *l'agora*, les discussions philosophiques, les représentations théâtrales, la femme doit garder la maison, s'occuper du ménage, obéir à ses enfants quand elle n'obéit pas à son mari. A mesure que le soleil de la civilisation monte à l'horizon, les ténèbres semblent s'épaissir autour d'elle. Il semble d'abord, à la lecture de certains textes, que les Germains aient témoigné, dans certaines circonstances, plus de respect à la femme : cependant d'autres textes prouvent que, dans un très grand nombre de tribus germaniques, la femme était traitée comme la brute ; le père, le mari, pouvaient non seulement la vendre, mais la frapper et la tuer ; d'après la coutume de certaines peuplades, on l'immolait sur le bûcher avec les esclaves et les chevaux de son mari défunt.

Le christianisme paraît et la scène change. Nul de vous n'ignore quelle place l'Evangile donne à la femme. C'est à une femme que Jésus donne la promesse de notre immortalité : « Je « suis, dit-il à Marie, la résurrection et la vie ; celui qui croit « en moi, quand il serait mort, vivra. » C'est à la Samaritaine que Jésus annonce l'universalité de la religion nouvelle : « Fem- « me, le temps va venir où vous n'adorerez plus le Père céleste « ni sur cette montagne ni dans Jérusalem ; mais le temps vient « et il est déjà venu où les vrais adorateurs adoreront le Père « en esprit et en vérité. » Jésus ne proscrit pas seulement la polygamie proprement dite, mais cette polygamie successive qui résulte de la liberté des divorces. « Ce que Dieu a uni, que « l'homme ne le désunisse pas. » Puis, renversant en quelque sorte les rapports des deux époux pour mieux rétablir entre eux l'égalité : « L'homme, dit-il encore, quittera son père et sa « mère et s'attachera à sa femme. »

Les disciples feront germer cette semence. « Maris, dira

« bientôt saint Paul aux Ephésiens, aimez vos femmes comme
« le Christ a aimé son Eglise, en sacrifiant sa vie pour elle. »
Le même apôtre, dans une lettre aux Galates, met sur le même
plan le grec et le juif, la femme et l'homme, proclamant à la
fois l'égalité des races et l'égalité des sexes. Il faut lire dans
Tertullien l'incomparable description du mariage chrétien, lorsqu'il fait descendre le ciel sur la terre pour assister à la céré-
monie nuptiale et la bénir. Le programme du grand apologiste
bouleverse de fond en comble la sociologie païenne : « Les
« époux chrétiens sont deux fidèles réunis sous le même joug ;
« ils ne sont qu'une même chair, qu'un même esprit ; ils sont
« ensemble dans l'assemblée des frères, à la table de Dieu, en-
« semble dans la paix, ensemble dans les souffrances ». Saint Jé-
« rôme ajoute : « Ce que la loi divine prescrit à l'un des époux est
« par cela même imposé à tous les deux. » Ce père de l'Eglise con-
tribue plus qu'aucun autre à compléter la transformation de la
femme latine. Sur cent lettres théologiques, il en adresse cin-
quante à des femmes ; dans quinze traités sur vingt, il traite de
leur éducation ; il leur dédie non seulement plusieurs livres de sa
Vulgate et ses explications des psaumes, mais un traité contre
les montanistes. Paula, Principia, Marcella deviennent des per-
sonnages agissants dans la société romaine, et la foule suivra
les obsèques de Fabiola comme elle eût autrefois suivi celles
d'un *imperator*. Le moyen-âge, subissant l'influence du sentiment religieux et du sentiment chevaleresque, poursuivra
l'œuvre régénératrice. Rappelez-vous le dialogue de saint
Louis, captif en Egypte, avec le sultan sarrazin : quand le roi
des Francs ne veut pas ratifier un traité sans avoir consulté la
reine, les musulmans se récrient : « C'est ma dame et ma com-
« pagne », leur répond-il. Le christianisme avait rendu par là
même un immense service à l'humanité : il avait reconstitué la
famille sur sa base la plus solide en faisant de Dieu le rempart
de la femme contre l'abus de la force.

Les ennemis des femmes n'ont cependant jamais désarmé. Si
je me proposais de les énumérer et d'étudier leurs doctrines
successives, je serais obligé de vous faire cinq ou six confé-

rences, alors qu'un grand nombre d'orateurs doivent apporter successivement à notre ligue le tribut de leur zèle et de leur talent. Je ne réfute aujourd'hui que Proudhon et Strindberg. Auguste Strindberg est fort à la mode ; il fait plus de biologie que de morale et la forme scientifique qu'il donne à ses arguments ne nuit point à son succès. Naturaliste, physiologiste, semblant posséder à la fois les secrets de l'art musical et de l'art culinaire, traduit dans notre langue, ce scandinave voit sa renommée s'étendre, m'assure-t-on, jusque dans nos pensionnats. C'est un polémiste avec lequel les femmes doivent compter.

Proudhon a dit : « La femme est une sorte de moyen terme entre l'homme et le règne animal. » Il ajoute que la valeur de la femme est à celle de l'homme au point de vue physique, intellectuel et moral, comme 2 est à 3. L'illustre publiciste traçait à la fois, dans cette courte proposition, le plan de l'attaque et celui de la défense.

Strindberg, pour démontrer l'infériorité physique de la femme, s'attache d'abord à la structure du corps féminin. « L'œuf de la « femme, dit-il (car il paraît que tout animal, y compris le roi « des animaux, sort d'un œuf) est une forme de cellule infé-« rieure, non automotrice. » Il ajoute : « L'homme, au rebours « de la femme, possède des œufs à l'état rudimentaire, d'où il « découle que l'homme est bien la forme supérieure. » Il compare ensuite la « masse sanguine » de la femme à celle de l'homme. Or le nombre des globules blancs est environ : chez la femme de 1 pour 250, chez l'homme de 1 pour 300 (alors qu'il est chez le nouveau-né de 1 pour 100) ; le nombre des globules rouges est, au contraire, chez l'homme de 300 pour 1000, chez la femme de 400 pour mille (alors qu'il est chez l'enfant de 600 pour 1000) ; donc la femme se rapproche du nouveau-né. La femme offre une vertèbre caudale de plus que l'homme, ce qui serait encore un signe d'infériorité. Elle respire par le thorax, tandis que l'homme respire par le diaphragme : autre signe d'infériorité. Certains anatomistes attribuent à la femme une capacité crânienne plus grande, eu égard au volume total du corps. Mais il ne faut prendre en considération, paraît-il, que la substance grise, « parce que c'est elle qui change les sensations en représentations » : or la femme a, pour son malheur, plus de substance blanche et moins de substance grise.

Eh bien ! je ne me sens pas convaincu. Je me soucie fort peu de l'embryon et de la cellule primitive non automotrice. La femme ne possède pas d'œufs à l'état rudimentaire ! C'est une disgrâce dont elle peut se consoler. Moins de globules blancs et plus de globules rouges ! Qu'importe ? La science n'enseigne-t-elle pas que les animaux supérieurs sont les animaux à sang rouge ? les insectes et les crustacés ne sont-ils pas des animaux à sang blanc ? Une vertèbre caudale de plus ? Le sexe féminin n'en est pas diminué. La femme respire par le thorax, tandis que l'homme respire par le diaphragme ! Qu'importe si sa respiration n'est ni moins libre ni moins facile ? Enfin la distinction des couleurs dans les substances du cerveau ne me subjugue pas. Beaucoup de savants enseignent que l'intelligence croît avec le volume du cerveau. La substance blanche, dite *médullaire*, est plus ferme que la substance grise, dite *corticale*. Il est au moins téméraire de classer l'un et l'autre sexes selon le jaugeage des deux substances. Ce n'est pas un des moindres signes du temps qu'on prenne au sérieux de semblables déductions et qu'il puisse être utile de les réfuter.

Après quoi Strindberg met en action les cinq sens de l'un et de l'autre sexes, qu'il compare.

Le toucher ! « Jamais la main d'une femme, écrit-il, ne « toucha d'un instrument de musique comme celle de l'homme. » J'entendais, l'an passé, aux concerts de la *Trompette*, un violoniste, que l'opinion générale place au premier plan, exécuter avec le concours d'une pianiste très distinguée, quoiqu'un peu moins connue, la *sonate à Kreutzer*, de Beethoven, et je me plaisais, au contraire, à remarquer que l'homme ne dépassait pas la femme : même majesté, même sévérité dans l'exécution du premier morceau, même éclat et même fougue contenue dans celle du morceau final ; la pianiste avait peut-être montré moins de sécheresse dans l'interprétation de l'*Andante*, et c'est elle, en définitive, qu'il aurait probablement fallu couronner si l'on s'était trouvé dans la dure nécessité de décerner un prix. Que de fois j'ai fait la même remarque ! Rubinstein est sans doute un puissant instrumentiste, mais le nom de quatre ou cinq femmes supérieures qui ont égalé les plus grands pianistes est sur toutes les lèvres.

L'ouïe ! Strindberg, qui aime à parler musique, s'empresse de dénoncer l'infériorité du sens musical chez les femmes. Voilà qui n'est pas démontré. D'abord, il ne s'agit pas en ce moment de l'aptitude à la composition musicale : question d'ordre purement intellectuel. Parlons du sens et de la sensation. La femme, par exemple, serait-elle moins apte que l'homme à percevoir l'absolue justesse des sons émis par la voix ou par les instruments ? C'est ce que ne me révèle pas ma propre expérience. J'ai constaté plusieurs fois, au théâtre ou dans les concerts, que la fausseté de certaines notes « douteuses », inaperçue des hommes, n'échappait pas à la sagacité de quelques femmes. Les habitués de l'Opéra vous diront mieux que je ne saurais le faire si, dans l'interprétation des grandes compositions dramatiques, il faut attribuer la palme aux ténors.

L'odorat ! Des recherches comparatives ont été faites, paraît-il, par MM. Nichols et Bailey, qui en ont présenté le résultat à la *Société américaine pour l'avancement des sciences*. D'après leurs expériences, des hommes avaient pu percevoir l'odeur de l'acide prussique dissous dans une quantité d'eau représentant 100.000 fois son poids, tandis que les femmes cessèrent de le sentir dans une solution de 1 pour 20.000. Admettons, par hypothèse, que cette impuissance relative à discerner l'odeur de l'acide prussique atteigne le sexe féminin tout entier : faut-il conclure du particulier au général ? La femme perçoit avec une finesse extrême l'odeur du tabac qui l'incommode ; elle est plus facilement empoisonnée que l'homme par le parfum de certaines fleurs accumulées dans un lieu clos : au besoin, elle s'évanouit, et prouve par là même l'exquise, l'extrême sensibilité de son odorat.

Arrivant au sens du goût, Strindberg reproche à la femme de ne pas aimer le vin. Je la félicite, pour mon compte, de n'avoir pas, en général, le goût assez dépravé pour apprécier les vins frelatés, les liqueurs abominables dont l'homme s'abreuve sans mesure dans certains cabarets. Pouvons-nous, en vérité, nous enorgueillir de l'attrait que certains mélanges et certains alcools exercent sur une partie du sexe masculin ? Le *chef*, s'écrie Strindberg, aura toujours le pas sur le cordon bleu. Ne jugeons pas si vite ! Instituons, si vous le voulez, entre les cuisiniers et les cuisinières un arbitrage..... obligatoire ; faisons comparaître les rivaux devant un jury composé des hommes politiques les moins compromis, soit dans le mouvement féministe, soit dans le mouvement anti-féministe, et je pressens, pour mon compte, que le cordon bleu restera maître du champ de bataille.

Au demeurant, le sexe masculin a pour lui la force physique, et c'est à coup sûr un élément de supériorité, mais non l'élément nécessaire de *la supériorité*. L'homme a la force et la vigueur ; la femme a la grâce et la beauté : qualités qui, de l'aveu même de Proudhon, sont incommensurables entre elles. La supériorité, même physique, ne consiste pas seulement dans la prédominance de la force musculaire, et le géant Goliath fut, on le sait, vaincu par le faible David. L'agilité, l'adresse, la dextérité, la finesse des sens doivent entrer en ligne de compte. C'est le couple humain qu'il faut contempler dans l'assemblage de ses qualités diverses : le couple humain c'est l'humanité même, arrivant à sa plénitude et réalisée dans sa perfection.

L'infériorité de la femme, envisagée dans ses facultés intellectuelles, n'est pas mieux démontrée.

Strindberg adresse au sexe féminin ce reproche général : « La femme ne possède que très rarement la faculté de pouvoir « fixer son attention sur un objet donné. De là le peu de suite « qu'on remarque dans ses idées. » Le sociologue met en première ligne, à l'appui de cette thèse, une proposition curieuse : « La femme, dit-il, ne peut apprendre à bien faire du café. »

Déduction accablante ! Ma modestie et l'amour de la vérité me forcent à confesser que je ne me sens aucune aptitude particulière, quoiqu'homme, à la confection du café. *L'orateur se tourne vers les membres du bureau :* S'il en est un parmi vous, Messieurs, qui possède cette faculté précieuse et rare, il voudra bien me donner son nom, et je rendrai mes armes.

Je renvoie l'ennemi du sexe féminin aux prodigieuses entreprises suivies par un grand nombre de femmes dans les Etats-Unis d'Amérique, à leurs 179 collèges qui confèrent des grades et délivrent des diplômes, qui comptent 25.000 étudiantes et 2.300 professeurs, dont seulement 577 hommes ; à l'admirable et méthodique organisation des prisons de femmes et, par exemple, à celle de Sherborn, près Boston, conduite avec un esprit de suite extraordinaire par Madame Ellen Johnson, à ces écoles féminines de garde-malades (*nurses*) dont trente-cinq comptent 1.350 infirmières pour 75 infirmiers. On reproche aux Français de ne pas savoir coloniser ; ils n'ont pas, dit-on, l'esprit de colonisation parce qu'ils n'ont pas l'esprit de suite. Il y a pourtant une catégorie de colonisateurs à laquelle vous ne refuserez pas l'esprit de suite : je veux parler des femmes qui partent, une croix sur la poitrine, pour des régions lointaines et souvent insalubres ; elles enseignent les enfants, elles soignent les malades et les vieillards : quel obstacle les décourage ? Elles donnent à toute la nation l'exemple de la persévérance.

A ce reproche général succèdent, dans l'œuvre de Strindberg, sept reproches particuliers. Contraint de me borner, je m'attache aux trois principaux.

« Les femmes jugent, parait-il, sans appréciation suffisante ; « elles sont impuissantes à émettre un jugement indépendant « de leur avantage, de leur penchant, de leur passion. » Je connais bien des hommes qui sont femmes en ce point. Ce défaut est-il particulier au sexe féminin ? M. Gaston Boissier disait hier, dans un article très intéressant sur le journalisme romain : « Les assemblées politiques ne gagnent pas à être « regardées de près ; il est difficile de conserver beaucoup de

« respect, même pour les plus honorables, quand on voit à
« quelles intrigues elles sont livrées et quels conflits d'intérêts
« ou de passions s'y dissimulent sous l'apparence du bien
« public. » Cependant les dames romaines ne siégeaient pas
au Sénat. Elles ne siègent pas non plus dans la plupart de ces
corps élus qui administrent les nombreux États particuliers
de la grande république américaine. Ai-je besoin de rappeler
que certains *rings* y accaparent non seulement les chambres
législatives, les conseils municipaux, mais encore les·tribu-
naux ? que les hommes distingués, indépendants, impartiaux
n'y arrivent presque jamais aux fonctions publiques ? que la
politique y est livrée aux *politiciens*, et que ceux-ci sont eux-
mêmes, presque toujours, les instruments des grands ban-
quiers, des spéculateurs, des entrepreneurs de travaux publics,
etc. ? Faut-il en accuser les femmes ? Au contraire, certaines
associations féminines, révoltées par le progrès de cette corrup-
tion, se sont proposé d'organiser la surveillance des « politiciens » ! Revenons à la France. Magistrat, je tiens à ne pas
médire du jury français. Mais plusieurs d'entre vous savent
peut-être que M. Ch. Gide, dans son journal *l'Emancipation*, et
l'éminent économiste Chailley-Bert, dans un de ses plus inté-
ressants feuilletons, ont ramassé une collection d'acquitte-
ments curieux ou présenté certains échantillons de verdicts
jugés inexplicables. Un peu de modestie ne messied pas, sur
cet article, au sexe fort, et peut-être, s'il s'abstient de reprocher
aux femmes la partialité de leurs jugements ou de leurs votes,
s'épargnera-t-il d'assez désagréables représailles.

Autre grief. « Les femmes mettent les choses et les évène-
« ments en fausse relation de causalité ». Je pourrais répondre
d'abord : le cœur a ses raisons que la raison ne connaît pas. Je
pourrais encore faire observer à Strindberg qu'il donne aux
autres ses propres qualités : sa dissertation sur l'influence
comparée des globules blancs et des globules rouges, les conséquences tirées du nombre des vertèbres et du mode de respiration témoignent d'un penchant très vif à mettre les choses
et les évènements en fausse relation de causalité. Je remar-

que avant tout que l'athéisme est, de toutes les façons d'aboutir à cette fausse relation, la plus extravagante. Or si l'athéisme a fait, depuis une vingtaine d'années, de trop nombreuses recrues dans le sexe masculin, on convient qu'il a peu d'adeptes parmi les femmes. Proudhon reproche à l'Église catholique de développer avec soin leur instinct religieux ; mais cet instinct est indestructible : pour échapper au joug du plus fort, la femme monte à Dieu, qui est la source du droit. Elle échappe par là même à la plus grande inconséquence dont le spectacle puisse être offert au monde ; elle reconnaît et consacre la loi de causalité dans ce qu'elle a de fondamental et de nécessaire.

En outre, « la femme s'obstinerait à conclure d'un cas parti- « culier à l'infirmation d'une règle générale ». En quoi, peut-on remarquer d'abord, elle imite Strindberg, qui dénie toute suite dans les idées aux femmes, parce qu'elles ne font pas le café selon son goût. Ce travers appartient-il donc en propre aux femmes ? J'en doute. Un gouvernement commet des fautes et les gouvernés en souffrent ; croit-on que, dans certains pays, les femmes aient le monopole des généralisations abusives ? Qui donc, chez nous, rend le gouvernement responsable de la petite vérole, de la pluie, du vent et de la grêle ? qui donc attribue invariablement la perte des batailles à la trahison des généraux ? qui ne saurait se donner une entorse ou se ruiner à la Bourse sans injurier les préfets et les ministres ? Il me semble que ce ne sont pas seulement les femmes. L'accès de la véritable méthode inductive ne leur a pas été fermé par le Créateur.

Mais pourquoi ne pas laisser parler les faits eux-mêmes ? Interrogeons donc les femmes en allant à leur rencontre jusques dans cette sphère d'activité qui leur est le plus étrangère. Tant d'exemples illustres se présentent à mon esprit que j'ai quelque peine à faire un choix.

Proudhon a fait ressortir l'incapacité littéraire des femmes. Cependant, dans un pays même où les mœurs réduisaient la femme à la condition la plus étroite, Sapho fut l'émule d'Alcée ;

elle illustra la Grèce par son génie poétique, inventant ou vivifiant un nouveau mètre, fondant une école de femmes-poètes : Andromeda, Gorgo, Erinna. Solon lui-même, à la lecture d'un de ses poèmes, poussait un cri d'admiration, ne voulant pas mourir, disait-il, avant d'avoir appris un tel morceau par cœur ; au bout de plusieurs siècles, le grand poète romain Catulle s'honorait encore de la traduire ; le rhéteur Longin nous transmettait, à titre d'exemple, une de ses plus belles odes.

C'est une femme qui révéla la poésie nationale aux Anglo-Américains des futurs Etats-Unis : Anne Bradsheet fut, au milieu du dix-septième siècle, leur premier poète. A la même époque, Madame de Sévigné prenait rang parmi nos grands classiques.

Au seuil du dix-neuvième siècle apparaît Madame de Staël : esprit tourmenté par la surabondance de sa force, remuant, audacieux, passionné, « réunissant en elle, a dit Lamartine, « Corinne et Mirabeau » ; qui, ne pouvant susciter un généreux élan dans sa patrie, se réfugiait, selon l'expression du même écrivain, dans la pensée morale de l'Angleterre ou de l'Allemagne, et lançait de là dans le monde ces pages sublimes et palpitantes que la douane de la pensée déchirait à la frontière. Un peu plus tard Georges Sand, à la fois peintre de la nature et peintre de la passion humaine ; exagérant assurément les droits de la passion, mais empruntant « au ciel jaloux « ses triples flammes » pour en développer les effets, envisageant la nature dans sa réalité puissante et la représentant aux regards tout à la fois avec une richesse de couleurs et une exactitude de tons qui n'ont pas été dépassées.

Strindberg, regardant la femme comme incapable d'entrer dans le mouvement artistique de l'humanité, se plaint des gens qui lui citent à tout propos le nom de Rosa Bonheur et semble défier ses contradicteurs d'en citer un autre. Nous n'éprouvons aucun embarras à relever le gant. Madame Madeleine Lemaire n'est-elle pas une aquarelliste de premier ordre ? L'Union française des femmes peintres et sculpteurs, présidée par Madame Demont-Breton, ne compte-t-elle pas un certain nombre d'artistes tout-à-fait remarquables ? Aux Etats-Unis, miss Cassatt n'a-t-elle pas marché sur les traces de Puvis de Chavannes ? les noms de l'aquarelliste Sarah Sears, de miss Green, le peintre de fleurs, de la statuaire Anne Witney n'ont-ils pas traversé l'Atlantique ?

Pourquoi m'abstiendrais-je de mentionner les artistes dramatiques ? Je me rappelle de quel frisson je fus saisi, quand j'entendis, encore adolescent, Mademoiselle Rachel déclamer ces vers de *Mithridate* :

> Si tu m'aimais, Phœdime, il fallait me pleurer
> Quand d'un titre funeste on me vint honorer
> Et lorsque, m'arrachant du doux sein de la Grèce,
> Dans un climat barbare on traîna ta maîtresse.

L'âme même de Racine me semblait parler par sa bouche. Ce n'était pas un vulgaire talent d'imitation. Cette femme ressuscitait les grands tragiques du dix-septième siècle ; elle leur rendait une forme, une couleur, une vie, et méritait d'être enveloppée dans le rayonnement de leur gloire.

Certes, si l'on peut signaler un chef-d'œuvre dans un chef-d'œuvre, c'est le rôle de Fidès dans le *Prophète*. Meyerbeer, en développant ce caractère maternel pendant les cinq actes d'un drame lyrique, avait atteint les dernières limites de l'art musical dramatique. Cependant cette création laisserait dans l'esprit des contemporains une moindre trace si Madame Viardot n'y avait mis son empreinte. Elle a, par sa propre conception (et c'était presqu'un trait de génie), complété l'œuvre à laquelle rien ne semblait pouvoir être ajouté.

Parlerai-je des femmes politiques ? Elisabeth d'Angleterre fut cruelle et vindicative ; mais elle possédait au plus haut point l'art de régner et c'est de son règne que date la grandeur anglaise. Marie-Thérèse d'Autriche, attaquée de tous les côtés, sut faire face à tous les périls, jouer à la face de l'Europe le plus difficile des rôles, rejoindre les tronçons de son Empire prêts à se séparer, galvaniser la Hongrie, soutenir avec une remarquable constance un duel terrible contre le plus astucieux politique et le plus grand capitaine du dix-huitième siècle. Catherine II continua les grands desseins de Pierre le Grand, possédant aussi bien que cet empereur le sens des intérêts slaves, imposant ses propres vues à tous ses ministres, joûtant avec une aisance incomparable contre les plus rusés diplomates de l'Angleterre, justifiant enfin ce mot de Frédéric II : « La Russie, avant la fin du siècle, fera trembler « l'Europe. »

Ces échantillons de l'intelligence féminine, empruntés aux branches les plus diverses de l'activité humaine, suffisent à condamner la thèse absolue de Strindberg. Un tel faisceau d'exemples est une argumentation. L'intelligence féminine a reçu sans doute une certaine impulsion, une direction habituelle qui ne la pousse pas vers certaines sphères d'activité ; mais ces sphères ne lui sont pas inaccessibles et je n'aperçois nulle part la trace d'une infériorité native.

Proudhon; voulant exprimer toute sa pensée sur l'infériorité morale du sexe féminin, n'a pas craint de dire : « Par sa nature, « la femme est dans un état de démoralisation constante. » C'est une énormité. Comment la justifier ?

D'abord, s'il faut en croire le paradoxal écrivain, la femme n'a pas, comme l'homme, le sentiment de sa dignité parce qu'elle n'a pas, comme l'homme, la conscience de sa force. Que la femme, n'ayant pas la force physique de l'homme, ait le sentiment de cette faiblesse relative, c'est de toute évidence ; mais qu'elle perde en même temps, par là, le sentiment de sa propre dignité, je ne le conçois plus. N'avait-elle pas le sentiment de sa dignité, la vierge chrétienne qui se livrait à la dent des tigres ? ne l'avait-elle pas, cette girondine qui jetait à la foule hurlant autour de l'échafaud son adieu suprême: « O liberté ! « que de crimes on commet en ton nom ! » Ces roseaux pensants, au moment même où ils allaient être broyés par le bourreau, puisaient, au contraire, le sentiment de leur dignité dans l'union même de leur faiblesse physique et de leur force morale.

Proudhon fait, en second lieu, ressortir l'inconsistance du caractère féminin : « Cette inconsistance, a-t il dit, se trahit « surtout dans les amours de la femme. On prétend que les « femelles des animaux, par je ne sais quel instinct, recher-« chent de préférence les vieux mâles, les plus méchants et les « plus laids ; la femme, quand elle ne suit que son inclination, « se comporte de même. Sans parler des qualités physiques, « à l'égard desquelles elles sont sujettes aux caprices les plus « étranges et pour rester dans l'ordre moral, puisque c'est du « moral qu'il s'agit, la femme préférera toujours un mannequin « joli, gentil, bien disant, conteur de fleurettes, à un honnête « homme. La femme est la désolation du juste ; un galantin, un « fripon en obtient tout ce qu'il veut. C'est Vénus qui, de tous « les dieux, choisit Vulcain, boiteux, graisseux, couvert de « suie, et se dédommage après avec Mars et Adonis. » Proudhon conclut témérairement du particulier au général. La généralité des femmes ne prend pas ses leçons de catéchisme dans le Venusberg. Ne prenez pas trop au sérieux ces bouta-des d'un publiciste qui envisage successivement un grand nombre de questions sociales sous les aspects les plus divers. C'est Proudhon lui-même que nous chargerons de répondre à Proudhon : « La femme seule, a-t-il dit encore, sait être pudi-« que... L'impure est hors de son sexe, hors de l'humanité : « c'est une femelle de singe, de chien ou de porc, métamorpho-« sée en femme. » Laissons donc la femelle du singe et reve-nons à la femme.

Ai-je besoin de vous rappeler quelle est, dans la famille, sa fonction morale ? Elle est, selon l'expression même des saints livres, l'auxiliaire de l'homme ; elle devient, de l'aveu même de Proudhon, « l'idéalité de son être ». Sans elle, il est incapable de supporter le fardeau de la vie et de se supporter lui-même. Laissez-moi vous citer, encore une fois, le traité « de la Jus-« tice dans la Révolution et dans l'Eglise » : « La femme, y lit-« on, est l'auxiliaire de l'homme, d'abord par le travail, par ses « soins, sa douce société, sa charité vigilante. C'est elle qui « essuie son front inondé de sueur, qui repose sur ses genoux

« sa tête fatiguée, qui apaise la fièvre de son sang et verse le
« baume sur ses blessures. Elle est sa sœur de charité. Oh !
« qu'elle le regarde seulement, qu'elle assaisonne de sa ten-
« dresse le pain qu'elle lui apporte : il sera fort comme deux, il
« travaillera comme quatre... Si peu que sa femme l'appuie,
« le travailleur vaut comme deux : c'est un fait dont chacun
« peut se convaincre que, de toutes les combinaisons d'ate-
« lier, celle qui donne la plus grande somme de travail propor-
« tionnellement aux frais est le ménage. » Mais alors, ô prince
des sophistes, comment soutenir que la femme est, par sa nature, dans un état de démoralisation constante ? comment la
taxer d'infériorité morale ?

La femme joue, dans l'éducation, un très grand rôle, peut-
être un rôle prépondérant. Obligée de veiller sans cesse sur
son jeune enfant, elle puise dans ce rapprochement la faculté
de comprendre et de pressentir ce qui se passe dans son esprit
et dans son cœur ; elle interprète jusqu'à son silence. Fénelon,
dans son traité *de l'Éducation des filles*, assigne à la mère un
quadruple rôle : découvrir le naturel et le génie de ses enfants ;
prévenir leurs passions naissantes ; leur persuader de bonnes
maximes ; les guérir de leurs erreurs. Il s'explique aussitôt :
c'est que les maris, dit-il, sont occupés au dehors. C'est pourquoi M. Fernand Nicolay, membre de notre comité de direction, conseille au père, dans son *Étude anecdotique et psycho-
logique sur les enfants mal élevés*, de donner sa *délégation* à
la mère, car il ne peut, trop souvent, prendre lui-même les
rênes que d'une manière intermittente et irréfléchie. M. Compayré lui-même explique avec un charme particulier, dans son
Histoire critique des doctrines de l'éducation, comment les femmes, par leur délicatesse naturelle, par leur promptitude à la
charité, par leur spiritualité raffinée, ont exercé la plus heu-
reuse influence sur l'éducation des premiers chrétiens. Je suis
heureux de constater que l'entente s'établit, sur ce point, entre
Fénelon et M. Compayré.

Pour décrire exactement la fonction morale de la femme
dans la société, j'aurais besoin de vous faire une seconde con-

férence. Th. Bentson, dans une série d'articles publiés par la *Revue des Deux-Mondes* sur la condition de la femme aux Etats-Unis, nous donne à ce sujet d'inappréciables renseignements. Rappelez-vous avec quel dévouement et avec quel succès miss Ticknor, de Boston, fonda, puis développa la *Société d'encouragement à l'étude chez soi* ; l'admirable organisation du collège féminin de Bryn Mawr, près Philadelphie ; le formidable collège de Wellesley avec ses 700 étudiantes ; puis, dans un autre ordre d'idées, les *homes* d'ouvrières à New-York, la grande maison d'habitation ouvrière (*hull-house*) fondée par miss Adams à Chicago, les *holiday houses* fondées dans l'Ouest, à Saint-Paul, par miss Sheyley. L'embrigadement des petits vagabonds par les dames et les demoiselles de Boston est une pure merveille ; on leur donne un uniforme, on leur apprend l'exercice, on les instruit à camper : en leur inculquant l'esprit de discipline, on les forme au respect, on les conduit peu à peu, à travers mille obstacles, à la « virilité chrétienne ». Dans l'hôpital de John Hopkins, à Baltimore, les jeunes Virginiennes soignent résolument les nègres, malgré les préjugés de race, peut-être à cause de ces préjugés : on s'en étonne ; on les interroge : « Ce sont, répondent-elles, nos malades préférés. » En dépit des aphorismes de Strindberg, qui reproche vivement aux femmes leur intolérance et leur exclusivisme, le dévouement engendre la tolérance. Dans ce même hôpital de Baltimore, une blonde américaine dit à Th. Bentson : « Avec quel « chagrin nous avons appris que la France se privait du se- « cours des religieuses dans les hôpitaux ! Il était si facile de « les garder avec les *nurses* laïques ! Pourquoi ne pas travail- « ler côte à côte ? Chez nous, il en est ainsi quelquefois, et la « tâche n'en est que mieux faite. » En effet, à l'hôpital de la *Charité*, de la Nouvelle-Orléans, les sœurs de Saint-Vincent de Paule et les *nurses* protestantes travaillent de concert. Les sœurs s'émurent tout d'abord quand on leur adjoignit ces alliées ; mais, à l'heure actuelle, elles leur rendent justice et la supérieure est restée, du consentement universel, à la tête de l'administration générale. Son nom est vénéré

dans la ville, dont elle est un personnage éminent et consi-
dérable.

Ai-je besoin d'aller chercher si loin mes exemples, quand
j'envisage la femme comme institutrice ou comme infirmière ?
Ne savons-nous pas tous ce dont les religieuses françaises
sont capables ? En rappelant leurs services, je rends un véritable hommage à la mémoire de mon excellent et vénéré prédé-
cesseur, M. Franck. M. Franck, appartenant au culte israélite,
ne parlait pas sans émotion des religieuses françaises. Je
l'ai plus d'une fois entendu, à l'Institut, s'expliquer sur la
fonction morale de ces « saintes filles » (il les nomme ainsi)
dans la société contemporaine. Sa voix s'échauffait, sa parole
se colorait ; il communiquait à son auditoire le sentiment de
respect et d'admiration qui l'animait lui-même. Je redis,
en de moins bons termes, ce que nous disait cet homme de
bien

J'ai tracé devant vous, Mesdames et Messieurs, une esquisse
de la théorie antiféministe. Mais on ne raisonne pas seulement pour raisonner ; les idées engendrent les faits ; les uto-
pies sociologiques enfantent les propositions socialistes. Si la
femme est un moyen terme entre l'animal et l'homme, il n'y a
pas de droit féminin contre le droit masculin ; l'homme peut
restreindre arbitrairement la part de la femme, être inférieur,
dans la production.

L'antiféminisme en action procède quelquefois par des
voies détournées. S'il faut en croire M. Yves Guyot, économiste de premier ordre et remarquablement compétent sur
ces questions, plusieurs des lois qui paraissent protéger la
femme en limitant la durée de son travail sont dictées par le
secret désir de borner sa production. Mais Karl Marx ne
procède pas par des voies détournées lorsqu'il énonce ces
deux propositions : 1° La rémunération du chef baisse si les
membres de la famille travaillent ; 2° Le salaire des femmes
déprécie celui des hommes. Il se peut en effet qu'une concur-
rence s'établisse, pour certains travaux, entre les ouvriers
des deux sexes ; mais entre ces deux phénomènes économi-

ques : l'homme moins rémunéré, la femme réduite au dénû-
ment par la privation de tout salaire, votre choix est probablement fait. Les récriminations des sociologues antiféministes
sont d'autant plus dures que le travail de certaines femmes
est moins rétribué, par exemple celui de certaines ouvrières
de l'aiguille qui gagnent par jour 75 ou même seulement
50 centimes ! Le congrès socialiste de Tours, en même temps
qu'il proposait d'accorder le droit de suffrage aux femmes,
émettait ce vote : « La femme mariée sera bannie de l'atelier ».
Quoi donc ? si le mari subit un chômage ? s'il ne gagne pas,
par sa faute ou sans sa faute, de quoi subvenir aux besoins
du ménage ? s'il ne rapporte pas sa paie intégrale au logis ?
Il faudra que la femme et les enfants implorent la charité
publique ! De tous les desseins, celui qui consiste à priver
la femme de son pain pour empêcher une baisse de salaires
et maintenir une série de prix quelconque est le plus into-
lérable.

Tout autre est le développement de l'idée chrétienne, qui
proscrit l'oppression du sexe faible par le sexe fort. La première leçon de philosophie sociale que le christianisme ait
donnée au genre humain peut se résumer en deux mots : le
droit de la femme à la liberté du travail est égal à celui de
l'homme.

J'ai déjà rappelé, à plusieurs reprises, quel merveilleux
parti la femme américaine avait, aux États-Unis, tiré de cette
maxime. Cependant je ne voudrais pas qu'on se méprît sur
ma pensée. J'ai quelques réserves à faire. La fonction normale de la femme ne consiste pas à singer l'homme. Elle n'est
pas la doublure de l'homme. Chaque sexe a sa destination.
De même que l'homme ne peut pas allaiter un nouveau-né, la
femme n'est pas capable de conduire un régiment. La femme
américaine ne discerne pas toujours avec une rigoureuse
exactitude où commence, où finit son rôle naturel. Il y a trois
cents clubs de femmes aux États-Unis, parmi lesquels quelques clubs de femmes légistes ! L'administration fédérale est
encombrée, à Washington, de fonctionnaires en jupons. On

rencontre là-bas trop de femmes journalistes, quel que puisse être le talent de miss Margaret Sullivan, le rédacteur le plus payé du *Herald* de Chicago ; trop de femmes adonnées à l'*interview*, trop d'institutrices (245,098 professeurs-femmes contre 123,287 professeurs-hommes). Il y a même, paraît-il, sur le territoire d'Oklohama, une colonie agricole qui prétend éliminer absolument le sexe fort, éliminant par là même, selon toute vraisemblance un élément de prospérité, à coup sûr un élément de perpétuité. Qu'advient-il ? c'est qu'on manque de cuisinières, surtout dans le nord. Le péril s'aggravant tous les jours, il faut aviser. On fonde des écoles « de science domestique » pour former des ménagères ; on organise des cours de cuisine, de couture, et de blanchissage et personne n'ignore que les cours de blanchissage étaient devenus particulièrement indispensables, parce que les Chinois, nés blanchisseurs, prenaient dans plusieurs villes importantes la place délaissée par les femmes. On peut espérer que l'équilibre se rétablira.

Cette réserve faite, la raison et l'équité commandent de laisser au sexe féminin toute la faculté d'expansion intellectuelle et industrielle compatible avec sa destination normale dans les sociétés humaines.

Aux Etats-Unis, d'après les données de la statistique contemporaine, les femmes sont employées dans 343 industries. Borné par le temps et par la nature même de notre entretien, je n'essaierai pas de dresser cette liste ou même de la résumer. Mais, pour prendre un exemple entre tous, je vous rappellerai brièvement quel heureux essor a pris, dans les diverses branches de l'art médical, l'activité féminine. Il y avait, même aux Etats-Unis, certains préjugés à vaincre. C'est en 1848 que fut ouverte à Boston la première école de médecine réservée aux femmes. On y compte aujourd'hui 80 doctoresses diplômées, 80 doctoresses qui pratiquent sans diplôme. Deux cents femmes exercent la médecine à Chicago ; l'une d'elles, Madame Sarah Stevenson, est un personnage des plus influents. On ne pousse nulle part les études biologiques aussi loin qu'au collège féminin de Bryn-Mawr. A Baltimore, les femmes sont reçues dans les écoles de médecine au même titre que les hommes. On vient de juger, en Autriche, que l'exemple était bon à suivre : le professeur docteur Albert n'est pas sorti victorieux de l'active campagne qu'il a menée contre l'introduction des femmes dans le corps médical, et le ministre de la guerre a nommé Mlle Roth, fille du défunt feld maréchal-lieutenant de Roth, médecin en chef de l'Institut des filles de militaires à Hernals. Voilà donc un terrain gagné et, sans nul doute, bien gagné.

A l'exposition de Chicago, dans le *Palais des femmes*, une statistique en dix-huit tableaux, envoyée de Paris, retraçait aux yeux des visiteurs le rôle de la femme française dans toutes les branches de l'activité humaine. La femme française a des visées moins hautes et n'empiète pas sur le champ du sexe fort. Tout me porte à croire que, si quelques-uns de ces tableaux pouvaient être complétés, aucun ne devait être réduit.

Ce qui se cache au fond de presque toutes les théories anti-féministes, c'est le goût de la force, c'est une tendance à faire prévaloir la force contre le droit. Qu'est-ce qui peut empêcher la femme de tenir, dans la vie intellectuelle et dans la vie industrielle des peuples, les divers rôles auxquels elle est apte ? Une seule raison, celle du plus fort. Proudhon a dit : « Si l'élément féminin vient à dominer ou seulement à balancer l'élément masculin, les sociétés humaines rétrogradent ». Il ne s'agit pas d'établir la prédominance de la femme sur l'homme, comme dans l'île fantastique de Babilary : il s'agit de laisser chacun à sa place. La femme n'était pas à sa place quand on la couvrait d'un voile et qu'on la cachait dans l'endroit le plus secret de la maison ni quand on lui raccourcissait les pieds dès l'enfance pour la rendre incapable de marcher ni quand on l'achetait et on la vendait, ni quand on l'abêtissait en lui refusant toute instruction et en la sevrant de tous les plaisirs intellectuels, ni quand on la contraignait de suivre le cadavre du mari et de s'ensevelir dans son bûcher.

Sans doute il faut un administrateur, un chef à la société conjugale comme à toute autre ; et ce chef nécessaire est le mari. Mais les devoirs restent réciproques. La direction de l'un, librement acceptée, n'implique pas l'infériorité de l'autre. Egale de l'homme à la veille du mariage, la femme n'a pas déchu, même en promettant l'obéissance dans la plénitude de sa liberté. La royauté du mari, dans la société conjugale, me parait être, de toutes les royautés constitutionnelles, celle à laquelle s'adapte mieux le mot de Lafayette : c'est la meilleure des républiques.